まだまだいっぱい失敗があります。たくさんの失敗から学んで、料理が少しずつ好きになってきた、というほうが正しいかも。

だから、料理が苦手な人も大丈夫!!!すぐに好きにはなれなくても、嫌だなぁ、面倒だなぁという気持ちは減らせます。

いろいろあって独り身に戻った今では、料理は嫌いではありません。とはいえ、ときには嫌になることもあります。外で済ませられる日もあれば、作りたくなくても作らなくちゃならない日もありますよね。

そんなときに、簡単にできて、洗い物もほとんどない料理があればいいなぁと思っていました。それを実現したのがこの本です。

この本では、火もレンジも、ボウルさえも使いません。

切るのが面倒ならキッチンバサミでちょきちょき。焼いた後にボウルで混ぜるものもありますが、アルミホイルの上でも大丈夫。材料に味をつけるときはビニール袋に入れて混ぜれば手が汚れません。

つまり、準備も洗い物もめちゃくちゃ楽!なんです!

そして冷凍ができるレシピを数多くご紹介しています。

トースターで料理を作るようになってから、作るのが面倒だな、嫌だなと思うことがほとんどなくなりました（もちろん、そんな日もたまにはありますが）。

あなたの日々のお料理が楽になり、ご機嫌な毎日を過ごせるよう、お役に立てたら嬉しいです。

松尾美香

この本は、こんなあなたのために作りました

「毎日のごはんづくりが、楽しくってしょうがない♡」
そんなあなたはこの本が無くても大丈夫。でも、この本で楽しい日々のごはんにさらにもう一品プラスしても大丈夫。

　それよりも、献立を考えるのが面倒、買いに行くのも面倒。洗い物がイヤ。何品も作りたくない、でも作らなきゃ……というあなた、もしくは次の5つに当てはまるあなた！ぜひ、この本のトースター料理を試してみてください。

❶ できる限り台所に立ちたくない

　日々お疲れ様です！10分台所に立ったら自分を褒めましょう！

　トースター料理なら、5分か10分でさっと下ごしらえを済ませたらあとは焼くだけ。汚れものも少なく済みます。料理する時間も洗い物の時間も短くして、時間を有効活用しちゃいましょう（もちろん、のんびりしてもいいんです）。

限界…！

❷ 考えるのも準備するのも片づけるのも面倒くさい

　わかります。一皿でOK栄養も大丈夫！な料理があれば嬉しいけど、その一皿を考えるのが面倒ですよね。ではトースターで一皿完成させましょう（PART1を見てください）。

　鍋もフライパンもボウルも使うのをやめましょう！ほら、洗い物が減りました。包丁も面倒なら、キッチンバサミやスライサーにしてしまいましょう。下味をつけたり混ぜたりはビニール袋を使えば手も汚れません。

　焼きあがったらアルミホイルのままお皿に盛り付けちゃいましょう。お皿に汚れがつきにくく、洗い物が楽になります。この本はそういうレシピにしています。

OK!

トースターがあってよかったなぁ

❸ 同時進行で料理を作るのが無理！
　調理中に味や火加減を見るのも無理！

　あれを切って炒めたらここでお酒とみりん
と醤油を入れて、火加減を見ながらしばらく
おいて味と火の通り具合を見て、その間に副
菜ももうひとつ。あれ？何をどこまでやった
っけ……。

　なんてことも、トースター料理ならありま
せん。

ぜんぶ使わなくてOK！

❹ 本当はあと一品くらい作りたい、とは思うけど…

　作れます‼炊飯器でごはんを炊いて、鍋で
お味噌汁、フライパンで一品。あら！トース
ターが空いているじゃないですか！

　メインのおかずならPART1か2、サブの
おかずならPART3か4をどうぞ。冷蔵庫に
ある材料で作れるものを選んだら、ほかの料
理を作っている間にトースターで一品仕上げ
てしまいましょう。

用意している間に
もう1品々々

❺ 作る気持ちはあるけど、とにかく楽したい

　楽をしましょう‼一品作って、インスタン
トの味噌汁でも添えれば立派な食事です。メ
インのおかずを買って、焼き野菜か作りおき
を出してもOK。

　食事作りは毎日のこと。気軽に気楽にいき
ましょう。

とりあえず
休もう…

こんなふうに使えます

❶ レシピの通りに作る

アレンジは苦手！レシピ通りにきっちり作りたい！という方はそのままどうぞ。

作るのは一品だけで済ませたい日はPART 1
へ、メインのおかずを作りたい人はPART 2
へ、サブのおかずや作りおきならPART 3、4へ。
甘いものもPART 5に用意しました。

トースターだけで
メインおかず

サブのおかずも
お任せ

❷ 野菜をプラスしてボリュームアップする

ボリュームを増やしたいときや、もっとバランスよく栄養を取りたいときは、お好みの野菜をプラスする、または量を増やして焼きましょう。ちょっと残ってしまった野菜もこんなときに使い切っちゃいましょう。
ちなみに、冷凍野菜などをストックしておくと便利です。p.18も参考にどうぞ。

牛肉のスタミナ味噌焼き
(p.32)にきのこをプラス！

❸ 冷蔵庫にある食材でアレンジする

「これを作りたいけど、にんじんがないな」「お肉が少し足りないな……」そんなときは、他の材料を増やすか、家にあるもので代用しちゃいましょう。野菜などは、固さ（火が通るまでにかかる時間）がだいたい同じくらいのものを選ぶとよいです。迷ったらきのこがおすすめ。

料理は毎日のことなので、気楽に試してみてください。失敗したら「失敗しちゃった！」と笑い話にしちゃいましょう。

にんじんが
ないから
玉ねぎで

冷凍してた
しめじも
入れちゃえ！

❹ 副菜やお弁当のおかず用に一品プラス or 作りおき

　メイン料理や副菜などを用意する間に、一品プラスで作りましょう。PART 2〜4を見て、冷蔵庫にある食材で作れるものを選んでください。この本のレシピは基本的に食材1〜3種類くらいで作れるようにしています。

卵焼きを作る間に
チキンのケチャップ焼き(p.42)

焼き浸しやオイル漬け
(p.83〜86)も大活躍!

❺ 焼く前の状態で冷凍して、自家製ミールキット!

　🔲のマークがついているレシピは、焼く前の状態でラップ、もしくはアルミホイルに包んで冷凍しておくことができます。朝、仕事の前や朝食の準備をする間に、冷凍庫から冷蔵庫に移して解凍しておきましょう。あとは夜にトースターで焼けば出来上がり!

　作る直前に電子レンジで解凍したい、という方は、アルミホイルではなくラップで冷凍しておき、解凍してからアルミホイルに移して焼いてください。

　ちなみに私は2倍の量で作り、1回分を冷凍しておきます。忙しい時のお助け用に!

※肉＋野菜の料理のレシピは冷凍可能ですが、
　野菜が水っぽくなるため、
　肉だけ味付けをして冷凍するのがおすすめです

冷凍しといて
よかった…

トースターで簡単朝ごはん

彩りも栄養バランスもいいワンプレートで目覚め良好！
卵を割り入れたら焼いている間に並べるだけ

ミニトマトのオイル漬け
ピーマンのオイル漬け
（作りおき）▶p.85

パン

ヨーグルト

卵のココット▶p.78

起きたらまず冷蔵庫にある
野菜とウインナーをぽいぽ
いっとお皿に入れて、卵を
割り入れてトースターへ。
その間にパン、ヨーグルト、
作りおきの野菜のオイル漬
けを並べたら完成！

トースターで簡単晩ごはん

疲れた体にやさしい晩ごはんもあっという間に完成
自分のために好きなものを一品用意して

なすとささみの焼き浸し
ししとうのめんつゆ浸し
（作りおき）▶p.83

かぼちゃの温サラダ ▶p.72

ごはん

味噌汁

メインは週末作った焼き浸し。せっかくだから好きなおかずを一品だけ、トースターで作る間に電子レンジで冷凍ごはんをあたためて、味噌汁はインスタントで完成…うん、これで十分！

トースターでおうちパーティーのススメ

下ごしらえをした材料をスタンバイさせて次々焼けば
話しながら食べながらホストも楽しめるお気軽パーティー！

ミートローフ ▶p.38

玉ねぎとベーコンの
カレー焼き ▶p.66

スパニッシュオムレツ ▶p.76

なすとズッキーニの重ね焼き
▶p.64

なんでも野菜グリル
▶p.80

見た目に映えるミート
ローフや重ね焼きは家
飲みの盛り上げ役にう
ってつけ！あらかじめ
作っておける料理とも
組み合わせて、焼きな
がら、食べながら、お
いしいお酒と料理を楽
しんで。

CONTENTS

PART 1
今日のごはんはこれでOK！
お肉 or 魚と野菜たっぷりの一皿完結料理

PART 2
とりあえず主菜一品！
メイン食材1つで作れる肉・魚料理

PART 3
食材1〜2種で作れる！
パパッとお助けおかず&おつまみ

PART 4
冷蔵庫の余り物救済！
組合せ自由なお助けレシピ&作りおき

PART 5
おやつに朝ごはんに甘〜い焼きもの

トースターについて

手持ちのトースターの注意点を守りましょう

機種によって仕様が異なるので、使うときは必ず取扱説明書の注意を守りましょう。事故を避けるため、トースターの周りはスペースをあけるとよいです。庫内の大きさは機種によりさまざまなので、側面や上部に材料やアルミホイルが触れないよう気をつけましょう。

レシピの分量、焼き時間について

この本のレシピは2枚焼き〜4枚焼きのトースターで作れる分量を目安にしています。お手持ちのトースターに材料が入りきらない場合は、材料を半分にして作るか、2回に分けて焼きましょう。耐熱皿を使う場合も、お皿の大きさにより焼き時間が変わるので調整してください。

焼き加減は機種によっても異なるので、レシピの時間を目安に焼いてみて、足りない場合は少しずつ追加して様子を見ましょう。

焼くときはトレー（受皿）＋アルミホイルで

この本のレシピではアルミホイルか耐熱皿を使います。付属のトレー（受皿）がある場合は、できるだけトレーの上にアルミホイルか耐熱皿をのせて焼きましょう。材料から出た油分や水分が垂れたりしないよう、必ずアルミホイルの周りを立てるようにします。もしアルミホイルが破れた場合は、必ず新しいものに替えてください。

トレーは通販などで1,000円以下で販売されています。手持ちのトースターの庫内に合ったトレーを購入するのもいいでしょう。

グリルパンなど、アルミホイルなしで使える付属品があるトースターの場合はそれを使用してもOKです。必ず説明書の注意を守りましょう。

焼き上がった料理を出すときはミトンなどをして、くれぐれもやけどに気をつけて。

タイマーが足りないときは？

　トースターのタイマーがレシピの時間よりも短い場合は、タイマーの最大時間で焼いてから残りの時間を追加しましょう。

手持ちのトースターと温度表記が異なる場合は？

　レシピに書いてある温度がトースターにないときは、その温度に一番近い温度に設定して焼いてみてください。様子を見ながら温度を調節するか、焼き時間を調整します。

　温度設定がないトースターはそのままか、最高ワット数で焼き、時間を調整しましょう。

きちんと焼くために

　時間になっても焼けていないときは、焼き時間を延ばします。延ばすときは5分ごとに様子を見るようにしましょう。場所により焼き具合が異なる場合は、途中でトレーの奥と手前を入れ替えるとよいでしょう。

　庫内の大きさに対し材料の量が多いと、生焼けになることがあります。網やトレーにのせてみて材料が多ければ、無理に一度で焼かず2回に分けて焼くようにしましょう。

　また、焼く前にトースターを予熱しておくと、庫内が温まった状態で焼けるため、予熱を入れないで焼くときよりも火の通りがよくなります。

そのほか、おいしく作るコツ

・均一に焼けるよう、材料はできるだけ平らに広げてアルミホイルにのせましょう。そうすると焼きムラができにくくなります。
・アルミホイルや耐熱皿に油を塗るときは、クッキングペーパーやティッシュに少量の油を染み込ませて、全体に薄く塗ってください。
・アルミホイルで蒸し焼きにするメニューは、時間通りに焼いても焼けていない場合、ホイルをあけて様子を見ながら3〜5分ほど追加で焼いてください。
・20分以上焼く場合は、途中で一度扉を開けるようにしましょう。予熱をする場合は、レシピの温度よりもひと目盛り高い温度で、トレーを入れずに5分ほど空焼きしましょう。その後、トレーに材料をのせて入れ、レシピの温度と時間通りに焼きます。

※空焼きについても取扱説明書に従い、安全に使用してください。

本書で使用したトースター 一覧

アイリス オーヤマ
オーブントースター EOT-011-W

温度設定機能はないので、レシピの通りに
時間設定だけ行います。温度管理をしなく
て済むので楽です。庫内が小さいので、量
が多いメニューは半量ずつ2回に分けて焼
くようにしましょう。

アイリス オーヤマ
スチームカーボントースター
SOT-401-C

焼きムラが少なく、均一に焼き上がります。
庫内が広いので、トレーにアルミホイルを
のせたら、食材を全体に広げるようにおき
ましょう。

アラジン
グラファイト グリル＆トースター

庫内が温まりやすいです。付属のグリルパ
ンを使う場合は、アルミホイルは必要あり
ません。肉料理はグリルパンを使うとジュー
シーに仕上がります。

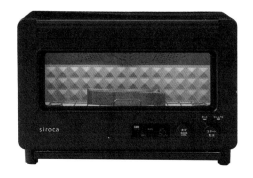

シロカ
すばやきトースター ST-2D451

庫内が温まりやすいので、しっかりとムラ
なく焼き上がります。庫内が小さいので、
量が多いメニューは半量ずつ2回に分けて
焼くようにしましょう。

本書で使用したトースターと、こちらの機種で作るときのポイントです。
同じものをお使いの方は参考にしてみてください。

BALMUDA（バルミューダ）
バルミューダ・ザ・トースター

庫内が温まりやすく、中までしっかり火が
通りやすいです。表面に程よく焼き色がつ
く仕上がりになります。付属のトレーはな
いので、別売りの琺瑯バットを使うと便利
です。

YAMAZEN
オーブントースター YTS-C101

火の通りがとてもいいです。途中で前後を
入れ替えると、全体的にしっかり焼き上が
ります。庫内が小さいので、量が多いメ
ニューは半量ずつ2回に分けて焼くようにし
ましょう。

●本書ではこれらのトースターを使用しましたが、
　もちろんこれらの機種以外のトースターでも作れます。ご自宅で作る際の参考にしてみてください。

●並びはブランド名五十音順となっています。

トースターには個性があります。
まずは手持ちのトースターで
試してみて、自分のトースターの
ベストな焼き加減を見つけてみましょう！

トースター料理に役立つ道具

キッチンバサミ

時短の味方！お肉や野菜をカットするのに便利です。

ビニール袋

材料を混ぜるときに大活躍！少し厚手のものが破ける心配がなくおすすめです。

アルミホイル

トースター料理の必需品！トースターのトレーに合うサイズのものを買うと使いやすいです。

冷凍できる野菜など

きのこ類（冷凍）

石づきを取り除き、ほぐしてジップロックなどに入れて冷凍すれば、解凍せずそのまま調理できます。食材をプラスしたいときに大活躍。

小松菜・ほうれん草など

使い切れずに残ったときは5cm幅くらいに切って冷凍庫へ。お浸しにはあまり向きませんが、料理のかさましやお味噌汁、炒め物に。

インゲン

ちょっと彩りが欲しいときに大活躍。手でポキポキ折れるから、包丁を使う必要なし！

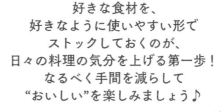

好きな食材を、
好きなように使いやすい形で
ストックしておくのが、
日々の料理の気分を上げる第一歩！
なるべく手間を減らして
"おいしい"を楽しみましょう♪

ねぎ

使い切れないことが多いねぎは
冷凍します。白い部分は好みの
大きさに、緑の部分はハサミで
チョキチョキみじん切り。

にんにく

この本ではチューブしか使いませ
んが（笑）にんにくも皮をむいて
そのまま、もしくは薄切りやみじ
ん切りなど好みの状態で冷凍でき
ます。解凍しなくてもカットでき
ます。そのほか、スライスした玉
ねぎ、コーン、ミックスビーンズ
なども冷凍できます。市販の冷凍
野菜もあるので、好きなものを常
備してみて。

ピザ用チーズ

トースター焼きのアクセントに
大活躍！封を開けたらすぐジッ
プロックに移して冷凍すればカ
ビも生えずに長持ち。凍りかけ
の状態でいったんほぐしておく
と固まりになりません。

油揚げ

実はトースター料理のかさましや
お味噌汁、煮物、鍋物に便利。買
ったらハサミで使いやすい大きさ
に切って冷凍庫へ。ベーコンもス
ライスや厚切りなど好みの形で冷
凍できます。市販の冷凍お肉（ス
ライスや挽き肉など）も便利です。

そのほか、常備しておくと便利なもの

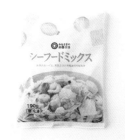

シーフードミックス（冷凍）

メインの食材として使うのも、
ちょっとプラスに使うのも
OK。特にきのこ類と相性がよ
いです。

あさりのむき身（冷凍）

トースター料理の食材にプラ
スしたり、汁物やパスタに入
れたりしています。

ツナ缶

ツナマヨを焼き野菜にプラス
してアレンジしたり、スパニッ
シュオムレツ（p.76）に加えた
り。汁気はよく切ってください。

この本のレシピについて

・1カップは200㎖、小さじ1は5㎖、大さじ1は15㎖です。

・特に記載のない場合、塩は粗塩、砂糖は上白糖や三温糖など、酒は料理酒、醤油は濃い
　口醤油、みりんは本みりん、油はサラダ油や米油などクセのないものを使用しています。
　お好みに合わせて加減してください。

・レシピの量は2人分を基本としていますが、トースターの大きさにより焼ける量が異な
　るので、焼く量はお手持ちのトースターに合わせて加減してください。

・お手持ちのトースターで作る際は、p.14-18のトースターに関する注意をよく読み、お
　手持ちのトースターの取扱説明書の注意をしっかりと守ってください。

PART 1

今日のごはんはこれでOK！
お肉or魚と野菜たっぷりの
一皿完結料理

なすとピーマンの甘味噌焼き

冷凍OK　焼き時間の目安

16〜26分

みんな大好きごはんが進む味！これ一品で満足の主役おかず
豆板醤や七味を足してピリ辛にしても

材料（2人分）

豚肉（または牛肉）のこま切れ…200g
なす…2本
ピーマン…2個
A┌ 味噌…大さじ2
　│ 砂糖・みりん・酒…各大さじ1
　│ 醤油…小さじ1
　└ すりおろしにんにく（チューブ）…2cm
※お好みで豆板醤を入れると甘辛味になります

お肉も大きければ食べやすい
大きさに

1

なすとピーマンは厚さ2cmくらい
の食べやすい大きさに切る。

袋で混ぜれば洗い物いらず！
全体をよくなじませて

2

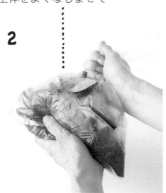

ビニール袋にAを入れてよく混ぜ、
豚肉と1を加え混ぜ合わせる。

3

アルミホイルを大
きめに出し、2を
広げる。

4

トースターのトレー
があればのせて
焼きましょう

上をとじ、250℃で16〜26分ほ
ど蒸し焼きにする。

鮭のハニーマスタード焼き

冷凍OK　焼き時間の目安

15〜20分

見慣れたお魚もソースを変えればとたんに新鮮なメニューに
鶏肉で作るのもおすすめです

材料（2人分）

鮭の切り身…2切れ
エリンギ…1本
玉ねぎ…1/8個
ブロッコリー…1/4株
塩・コショウ…適量
酒…大さじ1
ハニーマスタード…適量

> **MEMO** ハニーマスタードの作り方
>
>
>
> ハニーマスタードは市販のものか、粒マスタード大さじ1、はちみつ小さじ1と1/2、マヨネーズ小さじ1をよく混ぜ合わせて使いましょう。

塩鮭の場合は水で軽く洗ってキッチンペーパーでしっかりと水けを拭くか、鮭は洗わず野菜にだけ塩をふる

1

エリンギは食べやすい長さに切って薄切り、玉ねぎは薄切り、ブロッコリーは小房に分ける。

2

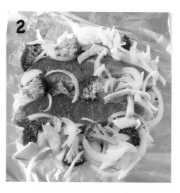

アルミホイルに**1**を広げて鮭をのせ、酒をかけて塩・コショウをふる。

3

アルミホイルの上をとじ、250℃で15〜20分ほど蒸し焼きにする。

4

皿に盛り、鮭にハニーマスタードを塗る。

野菜は好きなものに替えてもよいし、鮭だけ焼いてもOK！

白身魚のホイル焼き

アルミホイルのままお皿に盛りつければ
お箸でホイルを開ける瞬間がワクワクに

材料（2人分）

白身魚の切り身…2切れ
長ねぎ…1/4本
アスパラガス…2本
酒…大さじ1
塩・コショウ…少々
※しめじやえのきがあればぜひ一緒に！

1

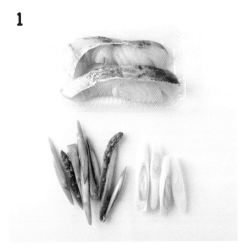

長ねぎとアスパラガスは7cmくらいの斜め切り
にする。

2

アルミホイルに油を塗って白身魚と**1**を1人分
ずつのせ、酒をかけて塩・コショウをふる。

3

アルミホイルの上をとじ、250℃で10分ほど蒸
し焼きにする。

白身魚の種類はなんでもOK！
ポン酢やすだちを絞っていただきましょう。
鮭で作ってもおいしいです。

長芋と豚肉の
マヨネーズ焼き

ホクホクの長芋とオクラで満足感たっぷり
ラー油をかけてパンチをきかせると少しジャンクに

材料（2人分）

豚バラ肉（薄切り）…200g
長芋…10cm
オクラ…5本（1袋）
マヨネーズ…大さじ2
醤油…少々
コショウ…適量

1 豚バラ肉は一口大、長芋は皮をむいて5mm幅の輪切り、オクラはがくをとり縦半分に切る。

2 アルミホイルに豚バラ肉を広げてのせ、マヨネーズを全体的にかける。

3 長芋とオクラをのせて上をとじ、250℃で15〜25分ほど蒸し焼きにする。

醤油は隠し味程度なので
ほんの少し

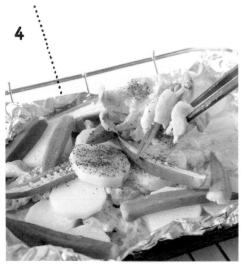

4 醤油をたらしてコショウを多めにふり、全体を絡める。

お好みでラー油をかけるのも
おすすめです。

豚肉と小松菜の
オイスターソース焼き

小松菜とにんじんのビタミンカラーで見た目にもヘルシー
小松菜のシャキシャキ感がポイントです

材料（2人分）
豚薄切り肉…200g
小松菜…4株
にんじん…5cm
オイスターソース…大さじ2
ごま油…小さじ1

1

豚肉は大きければ食べやすいサイズに、小松菜は5〜6cm幅にキッチンバサミで切り、にんじんはピーラーでスライスする。

MEMO にんじんの切り方

にんじんはまるのまま、ピーラーで使うぶんだけスライスするのが楽です

ビニール袋でもOK

2

豚肉にオイスターソースを絡める。

3

トレーがあればのせて焼きましょう。アルミホイルや野菜がはみださないよう注意！

アルミホイルに小松菜→にんじん→豚肉の順にのせてごま油を回しかけ、250℃で10〜20分ほど焼く。

もしあれば焼き上がりに
白胡麻をふって
きのこ類や玉ねぎなど、
冷蔵庫にある野菜を
プラスしても♪

牛肉のスタミナ味噌焼き

お肉も野菜も満足のボリュームレシピ
でも、面倒ならお肉だけで丼にしちゃうのもありです

材料（2人分）

牛肉（焼肉用）…250g
キャベツ…2〜3枚
もやし…1/4〜1/2袋
A 　味噌…大さじ1
　　酒…大さじ1
　　みりん…小さじ1
　　すりおろしにんにく（チューブ）…2cm

1

ビニール袋に**A**を入れてよく混ぜ、
牛肉を加えて混ぜ合わせる。

2

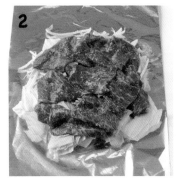

キャベツをザク切りにし、もやし
と一緒にアルミホイルにのせて、
上に**1**の牛肉をひろげる。

3

アルミホイルの上をとじ、250℃
で15〜25分ほど蒸し焼きにする。

牛肉だけを焼いて
ごはんにのせても
おいしいです。

PART 2

とりあえず主菜一品！
メイン食材1つで作れる
肉・魚料理

特大ハンバーグ

ドーンと迫力のビジュアルはトースターならでは！
混ぜるのはビニール袋、焼くのはアルミホイルで洗い物も少なく

冷凍OK　焼き時間の目安

25〜35分

材料（2人分）

合い挽き肉…250g
玉ねぎ…中1個
パン粉…1カップ
牛乳…1/4カップ
卵…1個

塩…小さじ1/2
コショウ…少々
ナツメグ…小さじ1/4（あれば）
A［ケチャップ…大さじ3
　中濃ソース…大さじ1

1

玉ねぎはみじん切りにする。ビニール袋にパン粉と牛乳を合わせておく。

2

ビニール袋に合い挽き肉・玉ねぎ・卵・塩・コショウ・ナツメグを加え、よくもんで混ぜ合わせる。

MEMO
おいしく作るコツ

全体が混ざって粘り気が出るまでしっかりと。

3

トレーに油を塗ったアルミホイルをのせ、**2**を高さ1.5〜2cmくらいの楕円形に整えて上をとじ、250℃で20〜30分ほど蒸し焼きにする。その間にAを混ぜ合わせる。

4

取り出してアルミホイルの上をそっと開き、焼けていたら表面に**A**のソースを塗る。アルミホイルをとじて250℃でさらに5分焼く。

MEMO
焼きあがりの確認

箸を刺して透明な肉汁が出たら中まで焼けています。

上にお好みのきのこをのせて焼いて、きのこソースにしても！

ミートローフ

ゆで卵が入ると途端にごちそう気分
野菜を添えたら立派なごちそうメニューになります

材料（2人分）

合い挽き肉…200g　　コショウ…少々
玉ねぎ…1/4個　　　　ゆで卵…2個
パン粉…1/4カップ　　A ┌ ケチャップ…大さじ1
牛乳…大さじ1　　　　　└ 中濃ソース…大さじ1
卵…1個　　　　　　　※ベーコンがあれば4枚ほど
塩…小さじ1/3　　　　　一緒に巻くのもおすすめ

1

玉ねぎはみじん切りにする。ビニール袋にパン粉と牛乳を合わせておく。

2

全部ビニール袋に入れて洗い物削減！もちろんボウルでもOK

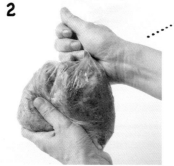

ビニール袋に合い挽き肉・玉ねぎ・卵・塩・コショウを加え、粘り気が出るまでもみ混ぜ合わせる。

3

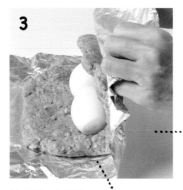

油を塗ったアルミホイルに**1**を広げてゆで卵をおき、手前から巻いて包む。

あればお肉の下にベーコンを敷いてから巻くとさらにジューシーに！

MEMO
小さなトースターは…

庫内の高さが低い場合は、ゆで卵1つを半分に切って並べましょう。アルミホイルが熱源に触れないように！

4

1枚だと肉汁が溢れるので必ず2重にしてトレーにのせましょう

アルミホイルをもう1枚広げて包み、巻き終わりを下にして250℃で25〜35分ほど焼く。焼けたら冷ましてから食べやすい大きさに切り、よく混ぜ合わせた**A**をかける。

焼きたてはくずれやすいのであら熱がとれてから切るようにしましょう。
卵の代わりにプロセスチーズを入れてもおいしい！

チキンのハーブ焼き

お店で出てきそうなメニューもトースターで簡単！
ブロッコリーなどを一緒に焼けば立派なワンプレートに

材料（2人分）

鶏もも肉…1枚
塩・コショウ…少々
すりおろしにんにく（チューブ）…8cm
乾燥バジル・乾燥オレガノ…各小さじ1
乾燥ローズマリー…小さじ1（あれば）

蒸し焼きにするのでホイルは大きめに

1

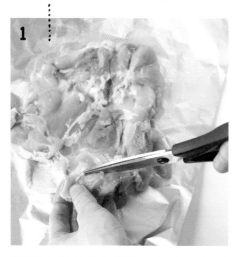

鶏モモ肉をアルミホイルにのせ、キッチンバサミで厚さ1cmくらいになるように切り開く。

あれば粉チーズもつけるとさらにおいしい♪

2

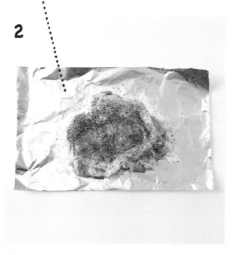

両面に塩・コショウをしてにんにくを塗り、乾燥ハーブ類をまぶす。

3

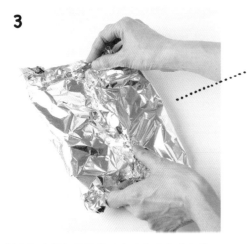

肉汁が出るのでトレーにのせて焼きましょう

皮面を下にしてアルミホイルの上をとじ、250℃で23分以上蒸し焼きにする。

焼いた後食べやすい大きさに切るときも、キッチンバサミが便利です。

チキンのケチャップ焼き

むね肉をやわらかく食べられる自慢のレシピ
お弁当のおかずにもおすすめです

材料（2人分）

鶏むね肉…1枚
片栗粉…大さじ1
A ┌ 砂糖…大さじ1
　　├ ケチャップ…大さじ3~4
　　└ ウスターソース…小さじ1

鶏むね肉は小さめにカットする
ほうがおいしいです。皮や脂が
気になる場合は取り除いて

1

鶏むね肉はキッチンバサミで2cm
角に切る

2

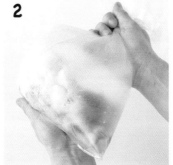

ビニール袋に片栗粉と**1**を入れて全体にまぶし、**A**を加えて混ぜ合わ
せる。

トレーにのせて焼きましょう

3

アルミホイルにのせ、250℃で15分ほど焼く。

ピリ辛好みの方は
一味唐辛子をかけてもよいです。

42

冷凍できる！鶏つくね

冷凍OK　焼き時間の目安
15分

おうち居酒屋にぴったり！
倍量で作って冷凍しておくのもおすすめです

材料（2人分）

鶏ひき肉…230g
玉ねぎ…1/2個

A ┌ 片栗粉…大さじ2
　│ すりおろし生姜（チューブ）…6㎝
　│ マヨネーズ…大さじ1
　└ 塩…少々

B ┌ 片栗粉…小さじ1
　│ みりん…大さじ1
　│ 砂糖…小さじ1
　└ 醤油…大さじ1

粘り気が出るまで
しっかりと

1

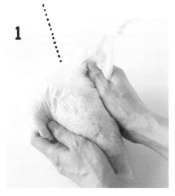

玉ねぎをみじん切りにし、ビニール袋に入れて鶏ひき肉とAを加え、よくもんで混ぜ合わせる。

トースターによって焼ける
量が違うので、個数は調整
してください

2

トレーに油を塗ったアルミホイルをのせ、1のビニール袋の端をカットして高さ1㎝くらいになるよう9〜10個絞り出す。

指先に水をつけて整えると
きれいに

3

軽く形を整え、250℃で10分焼く。焼いている間にBの片栗粉とみりんをよく混ぜ合わせ、砂糖、醤油を加えて混ぜる。

4

焼けたら1度取り出してBのタレを全体にかけ、さらに5分ほど焼く。

アルミホイルにのせて並べた状態で
冷凍することもできます。

サバのみぞれがけ

和食もお任せ！焼いている間に大根おろしを作って
グリルで焼くより後片付けが断然楽です

材料（2人分）
サバの切り身…1尾分
塩…少々
小麦粉…適量
油…小さじ1/2
大根…6cm
ポン酢…適量

1

キッチンバサミで切れば簡単

サバを2cm幅にカットし、塩をふり小麦粉をまぶ
す。大根はおろしておく。

2

トレーがあれば必ずのせて、
サバは皮面を上にしましょう

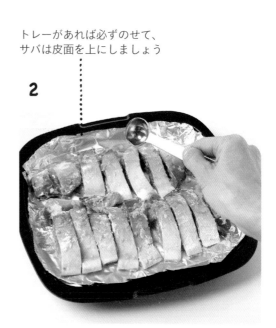

1をアルミホイルにのせて油を回しかけ、200℃
で15分ほど焼く。

3　器にサバと大根おろしをのせ、ポン酢を回し
かける

おかずにもおつまみにも。
あれば刻んだわけぎやねぎをのせると
彩りがよくなります。

イワシの香草パン粉焼き

パンや白ワインに合わせたくなる洋風メニュー
簡単なのにごちそうふうの仕上がりに大満足！

材料（2人分）

イワシの開き…6〜8尾

A ┌ パン粉…1/2カップ
│ 乾燥バジル・乾燥オレガノ・乾燥パセリ…各小さじ2
│ 粉チーズ…大さじ2
│ すりおろしにんにく（チューブ）…2cm
└ オリーブオイル…大さじ4

パン粉がオイルを吸ってしっとり
します。オイルが少ないようなら
様子を見て少しずつ足しましょう

お皿の大きさにより重ねられる
量が変わります。最後はパン粉
になるように

1

Aをよく混ぜ合わせる。

2

耐熱皿にAのパン粉を敷く。

3

パン粉→イワシ→パン粉の順に重
ねる。

4

230℃で20分ほど焼く。
焦げそうなら途中でア
ルミホイルをかぶせる。

焼く前の状態で冷凍しておけば、
好きなときに焼くだけで一品完成です。

49

メカジキの香草焼き

素材がよければそれでよし！
シンプルなのに十分おいしいごちそうレシピ

材料（2人分）

メカジキ…2切れ
塩・コショウ…少々
すりおろしにんにく（チューブ）…2cm
乾燥パセリ・乾燥バジル・乾燥オレガノ…各小さじ1
オリーブオイル…小さじ2
※パン粉があれば大さじ2ほどハーブ類に混ぜてもおいしいです

1

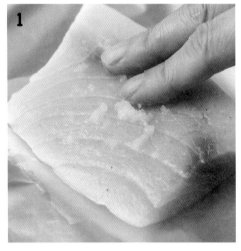

メカジキに塩・コショウをふり、にんにくを全体に塗る。

トレーにのせて焼きましょう

2

乾燥ハーブ類をまぶしてアルミホイルにのせ、オリーブオイルを回しかける。

蒸し焼きにするのでホイルは大きめに

アルミホイルの上をとじ、250℃で10〜15分ほど焼く。

3

あれば食べるときにレモンをかけてめしあがれ！

50

シーフードミックスのマヨネーズ焼き

冷凍庫のストック食材でささっと一品！バターで作ってもおいしいです

焼き時間の目安

12分

材料（2人分）

シーフードミックス（冷凍）…１袋（約200g）　醤油…小さじ1/2
塩・コショウ…少々　　　　　　　　　　　　※マヨネーズの代わりにバター10gでもＯＫ
マヨネーズ…大さじ２

蒸し焼きにするのでホイルは大きめに

汁気が多いので必ずトレーにのせて焼き、
アルミホイルごと器に盛るのがおすすめ

1

シーフードミックスを解凍し、水けをきってアルミホイルにのせる。

2

塩・コショウをふり、マヨネーズと醤油をかける。

3

アルミホイルの上をとじて200℃で12分ほど焼き、焼けたら全体を混ぜる。

きのこやアスパラなどを一緒に焼けばボリュームＵＰ♪主役おかずに大変身！

PART 3

食材1～2種で作れる！
パパッとお助け
おかず&おつまみ

厚揚げ焼き2種
生姜ポン酢のせ
ねぎ味噌マヨ焼き

こういうシンプルな一品がトースターの腕の見せ所
はんぺんや油揚げで作ってもいいんです

材料（2人分）

厚揚げ…1枚
長ねぎ…1/3本
A（ねぎ味噌マヨだれ）
┌ 味噌…小さじ1
│ マヨネーズ…小さじ1
└ みりんまたは砂糖…少々
すりおろし生姜（チューブ）…お好みの量
ポン酢もしくは醤油…適量

食べやすいサイズにしてもOK

1

厚揚げは2等分に切り、アルミホイルにのせる。

2

長ねぎはみじん切りにし、半量をAと混ぜ合わせてねぎ味噌マヨだれを作る。

こんがりが好みならそのまま、
ふんわりが好みなら蒸し焼きに

3

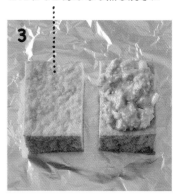

厚揚げの半分に2のねぎ味噌マヨだれを塗り、250℃で15分ほど焼く。ねぎ味噌マヨはそのまま、もう半分にはすりおろし生姜と残りのねぎをのせ、ポン酢をかける。

火力が弱めのトースターなら
蒸し焼きにすると中まで温まります。
のせるものは大根おろしとしらす、
かつお節と醤油など、好きなものを。

しいたけ焼き

肉厚のしいたけはじっくり焼くだけでごちそうに

材料（2人分）

しいたけ…4枚
醤油…少々

1

MEMO
軸は手で取る！

しいたけの軸は手で取れます。

しいたけは軸を取る。軸も食べる場合は、石づき（先端の黒い部分）を切り落とす。

2

アルミホイルにのせて250℃で8分ほど焼く。焼けたらお好みで醤油をかける。

軸は石づき（黒い部分）を切って一緒に焼いてもOK。
お好みで生姜のすりおろしを添えても

レンコン焼き

ほんのりと甘く噛みしめるほどおいしくこれがレンコン？とちょっと驚くはず

材料（2人分）

レンコン…10cm
醤油…少々

皮もそのまま食べられます！大きく切るのがおいしさのコツ

1

レンコンはよく洗い、皮つきのまま大きめの一口大に切る。

2

アルミホイルに油を塗って**1**をのせ、250℃で10〜15分ほど焼く。焼けたらお好みで醤油をかける。

一味唐辛子や山椒をかけてもおいしいです。

57

キャベツ焼き

焼いただけでキャベツそのものの甘みが凝縮！
立派な付け合せ、ではなく、これをメインに食べたいくらいの一品です

材料（2人分）

キャベツ…1/4個
塩…少々
オリーブオイル…小さじ1/2

キャベツは芯がついたま
まよく洗い、2等分して
アルミホイルにのせる。
塩をふってオリーブオイ
ルを回しかけ、250℃で
12〜22分ほど焼く。

焼いた後にちぎったアンチョビをのせれば、
お酒のおつまみに！

MEMO そのほかのおすすめ焼き野菜

ピーマン

長ねぎ

オクラ

ピーマン、長ねぎ、オクラなど、火が通りやすく和食に合う食材は、トースターでサッと焼いて塩
や醤油、ポン酢などをかけるだけでおかずになるのでおすすめです。ししとう、長芋、かぶ、ゴー
ヤなども！冷蔵庫に野菜がちょっと余っていたら、4章も参考にいろいろと試してみてください。

59

59

えのきとあさりの
バター焼き

あさりのうまみを吸ったえのきがおいしい！
冷凍あさりやシーフードミックスで簡単に

材料（2人分）
えのき…1袋
あさりのむき身（冷凍）…1/2カップ（約30g）
バター…15g
塩・コショウ…少々
乾燥バジル…少々

1

えのきは根元を切り落とし、バラバラにほぐす。

トレーにのせて
焼きましょう

2

アルミホイルにえのき、凍ったままのあさり、
バターをのせて塩・コショウをふり、上をとじ
る。

3

250℃で10分ほど蒸し焼きにし、焼けたら乾燥
バジルをふって軽く混ぜる。

ホイルに包んだ状態で冷凍もできます。
焼くときは解凍せずに
そのままトースターに入れて、
焼き時間を長くしましょう。
あさりをシーフードミックスにしても
おいしく作れます。

なすのチーズ焼き

とろけるなすとチーズは黄金の組合せ！
和洋中どんな料理にも合う懐の広さ

材料（2人分）
なす…2本
ごま油…小さじ2
塩・コショウ…少々
ピザ用チーズ…1/3カップ

1

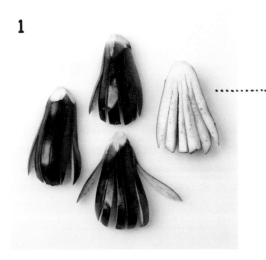

MEMO
なすの切り方

なすがバラバラになら
ないように切り込みを
入れます。

なすはヘタを取り、縦半分に切る。ヘタのほう
を少し残すように縦に4〜5本切り込みを入れ
る。

2

トレーにのせて
焼きましょう

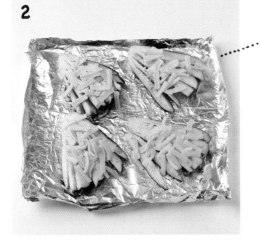

アルミホイルにのせて塩・コショウをふり、ご
ま油を回しかけてピザ用チーズをのせる。200
℃で10〜15分ほど焼く。

ラー油をかけて中華風にしたり、
かつお節と醤油をかけて
和風にしてもGOOD！
ごま油の代わりに
オリーブオイルをかけて、
薄くスライスしたトマトと
チーズをのせて焼けば洋風に。

なすとズッキーニの重ね焼き

あつあつ、シャキシャキ、とろりの食感が最高！
ベーコンはぜひ入れてください

材料（2人分）
なす…2本
ズッキーニ…1本
ベーコン…3枚
塩・コショウ…少々
オリーブオイル…大さじ1
ピザ用チーズ…3/4カップ

1

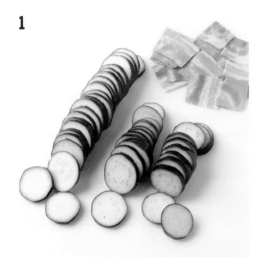

なすとズッキーニは5mmの輪切りにし、軽く塩・コショウをふる。ベーコンは3cm幅に切る。

2

ずらしながら並べると
きれいになります

耐熱皿かアルミホイルに油を塗り、なす→ズッキーニ→ベーコンの順に並べてオリーブオイルを回しかける。

3

途中で焼き色がつきすぎるようなら、アルミホイルを上にかぶせてください

ピザ用チーズをのせ、250℃で15〜20分ほど焼く。

バルサミコ酢をかけていただいてもおいしい！
お酒のおつまみにぴったりです♪

玉ねぎとベーコンの
カレー焼き

ハンバーグやミートローフのおともにオススメ
もちろん、一品でおかずやおつまみにも

冷凍OK　焼き時間の目安

15〜
20分

材料（2人分）

玉ねぎ…1/2〜1個
ベーコンのスライス…1枚
カレー粉…適量
ピザ用チーズ…1/4カップ
ブラックペッパー…適量（お好みで）

焼き時間を短くしたい場合は、
玉ねぎの厚さを1cmくらいに
してください

厚さ1cmの玉ねぎなら10分ほど
で焼きあがります

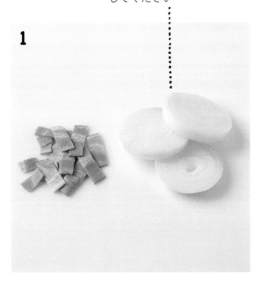

玉ねぎは厚さ2cmの輪切り、ベーコンは1cm幅に
切る。

アルミホイルに玉ねぎをのせてカレー粉をまぶし、
ベーコン、ピザ用チーズをのせる。250℃で15〜
20分ほど焼き、お好みでブラックペッパーをふる。

小さいお子さん向けには
カレー粉の代わりにマヨネーズで。
ベーコンの代わりに、
シーチキンや
卵のマヨネーズ和えをのせても！
シーチキンのマヨネーズ和えは
簡単なうえにトースター料理と
相性がよくておすすめのアレンジです。

トルティージャ

シンプルな素材のおいしさを味わえる、スペインの卵料理です
お好みでケチャップなどを添えても

材料（16×11×4㎝グラタン皿）

じゃがいも…中2個
玉ねぎ…1/4個
卵…3個
牛乳…大さじ2
塩…小さじ1/2
コショウ…適量

1

じゃがいもは皮をむいて薄めのいちょう切り、玉ねぎは薄切りにし、コショウを濃いめにまぶす。

2

卵をよく割りほぐし、牛乳と塩を加えて混ぜる。

3

焼けたら竹串で刺して中まで焼けているか確認しましょう。卵液がついてこなければ完成！

油を塗った耐熱皿に**1**を入れて**2**を流し入れ、250℃で25〜35分ほど焼く。

アボカドのエビグラタン

隠し味のマスタードがポイント！ですが
お子さまにはマスタードを抜いて

材料（2人分）

アボカド…1個
冷凍むきエビ（小）…8尾
A ［粒マスタード…小さじ1強
マヨネーズ…大さじ1強
ピザ用チーズ…適量

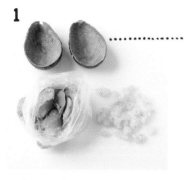

1

アボカドは半分に切り、中身をスプーンでくりぬいてビニール袋に入れる。冷凍エビは解凍し、キッチンバサミで5mmにカットする。

MEMO アボカドの切り方

❶ 包丁で種を中心にぐるりと一周する。

❷ ひねるようにして半分に割る。

❸ 包丁の角で種を刺し、取る。

アボカドのつぶし具合は
お好みで

2

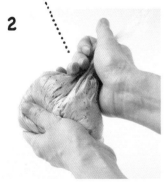

1のビニール袋をもんでアボカドをつぶし、**A**を混ぜたらエビを加えて混ぜる。

3

ビニール袋の端を切ってアボカドの皮に絞り入れる。

エビに火が通るよう蒸し焼きにします。チーズに焼き目をつけたい場合は途中でホイルをあけて

4

ピザ用チーズをのせてアルミホイルでふんわり包んで上をとじ、200℃で15分ほど焼く。

かぼちゃの温サラダ

隠し味のカレー粉が大人味！お子さまにはカレー粉なしで
スパイス好きの方はぜひガラムマサラを！

材料（2人分）
かぼちゃ…1/8個
ベーコンのスライス…1枚
アーモンドスライス…大さじ1（5g）
クルミ…3〜4粒（5g）
カレー粉（もしくはガラムマサラ）…小さじ1
バター…10g

1

かぼちゃは厚さ2cmの一口大、ベーコンは1cm
幅に切る。

2

カレー粉はあまりアルミホイルに
つかないように

アルミホイルに**1**とアーモンドスライス、クル
ミ、バターをのせ、カレー粉をふる。

3

アルミホイルの上を
とじ、250℃で15〜
25分ほど焼く。焼け
たら全体を混ぜ合わ
せる。

アーモンドとクルミは
お好みのナッツにしてもOK。
ナッツが大きければ包丁で
刻むか、くだいてください。

さつまいもとクリームチーズの
ハニーサラダ

甘いさつまいもとクリームチーズの組合せが最高！
簡単なのにデリ風でちょっとおしゃれな一品に

材料（2人分）

さつまいも…1本（約250g）
クリームチーズ…30g
はちみつ…大さじ1〜2

火が通りやすい細めの
さつまいもを使うと
よいです。2の作業は
アルミホイルの上でも
構いませんが、
アルミホイルが破れたり
やけどをしたり
しないように気をつけて！

さつまいもが太い場合は
小さめに切ってください

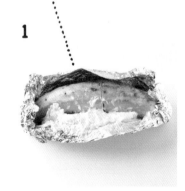

1

さつまいもはピーラーで皮をむき、
クリームチーズと一緒にアルミホ
イルに包む。最高温度で30分以
上焼き、さつまいもに火を通す。

さつまいもが熱いうちに混ぜま
しょう。つぶし具合はお好みで

2

1にはちみつを加え、スプーンな
どでつぶしながら混ぜる。

PART 4

冷蔵庫の余り物救済！
組み合わせ自由な
お助けレシピ＆作りおき

スパニッシュオムレツ

具だくさんのスペイン風オムレツ
冷蔵庫の余り野菜を使って栄養たっぷりの一品に

焼き時間の目安

25～
35分

材料（2人分）
卵…2個
じゃがいも…1個
玉ねぎ…1/4個
ウインナー…3本
ミニトマト…4個
塩・コショウ…少々

1

じゃがいもと玉ねぎは薄切り、ウインナーは1
cmの輪切り、ミニトマトは半分に切る。

2

卵をよく溶き、**1**と塩・コショウを混ぜ合わせる。

3

油を塗った耐熱皿に
2を流し入れ、250
℃で25～35分ほど
焼く。焼けたら2分
おいてから取り出す。

具材は冷蔵庫の余り野菜で大丈夫です。
ウインナーの代わりにハムやベーコンでもOK！

卵のココット

卵と野菜があればＯＫ！
忙しい朝にも、夜のプラス一品にも

材料（2人分）
アスパラガス…１本
ミニトマト…２個
ウインナー…２本
卵…２個
パルメザンチーズ…適量
塩・コショウ…少々

1

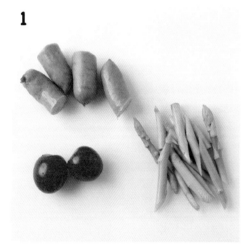

アスパラガスは斜め切り、ウインナーは半分に
カットする。

2

ココットに油を塗り、**1**とミニトマトをのせ、
卵を割り入れる。

3

パルメザンチーズ・塩・コショウをふり、200
℃で10分ほど焼く。

半熟の卵の黄身をくずして
ソースにしながらいただきます。
アスパラガスの代わりにインゲンや
ブロッコリーでもＯＫ！
好きな組み合わせを試してください。

なんでも野菜グリル

野菜のおかずが足りない……！
そんなときは、冷蔵庫の野菜をトースターへ！

材料（2人分）

にんじん・玉ねぎ・じゃがいも・かぶ・大根・
レンコン・きのこ類・ブロッコリー・ミニトマトなど
　…トースターのトレーに広げられるくらいの量
オリーブオイル…適量
塩・コショウ…少々

蒸し焼きにするのでアルミホイルは大きめに

1

野菜は皮をむかずに2cm位にカットする。トレーにアルミホイルをのせ、ブロッコリーとミニトマト以外の野菜をアルミホイルにのせる。

2

オリーブオイルを2周回しかけて上をとじ、250℃で25分ほど焼く。

3

ブロッコリーとミニトマトを加えて250℃で10分ほど焼く。焼けたら塩・コショウをふり、全体を混ぜてオリーブオイルを絡める。

焼き時間は野菜の種類や量によって変わります。
根菜など固い野菜が多い場合は35分ほど、
パプリカやブロッコリーなど
火の通りやすいものばかりの場合は
10〜15分くらいで様子を見て調整してください。

なすとささみの焼き浸し

メインにもサブにもなる便利な作りおき
汁気をきってお弁当にも

材料(2人分)
鶏ささみ…3本
なす…2本
酒…大さじ1
ごま油…大さじ1
塩…少々
めんつゆ…適量

蒸し焼きにするのでア
ルミホイルは大きめに

1 なすはヘタを取り、縦半分に
切ってさらに3等分してアル
ミホイルにのせる。別のアル
ミホイルに鶏ささみをのせる。

2 鶏ささみには塩と酒をふり、アルミホイルの上をとじる。
なすには塩をふり、ごま油を回しかけてアルミホイルの
上をとじる。

3 2つ一緒にトレーにのせ、250℃で15〜25分ほど焼く。
触れるくらいに冷めたら鶏ささみを裂きながら筋をとり、
なすと一緒にひたひたの量のめんつゆに浸す。

濃縮または濃厚タイプの
めんつゆで味が濃い場合は、
記載されている割合を参考に
お好みの濃さに薄めてください。

ししとうのめんつゆ浸し

あと一品欲しいな…というときに便利!
小鉢、おつまみ、お弁当と万能な常備菜

材料
ししとう…1パック
油…小さじ1/2
めんつゆ…1/4カップ

1 ししとうは切り込みを入れ、アルミホイルにのせて油を回しかけて上をとじる。

2 250℃で7分ほど焼き、めんつゆに浸す。

食べる時にかつお節をまぶすとよいです。

ミニトマトのオイル漬け

低温でじっくりと焼くので甘くなります
ちょっとあると嬉しいおかずに

焼き時間の目安
20分

材料

ミニトマト…8個
オリーブオイル…大さじ1

1 ミニトマトはヘタを取ってを半分に切り、断面を上にしてアルミホイルにのせる。

2 150℃で20分ほど焼き、オリーブオイルに浸す。

冷蔵庫でシワシワになったミニトマトを救済！
そのままでも、パスタやスープに入れてもおいしい
便利な作りおきです。

ピーマンのオイル漬け

オイルで満足感のある一品
パプリカで作れば彩り鮮やかで食べ応えもUP

焼き時間の目安
10分

材料

ピーマン…3個
オリーブオイル…大さじ1と1/3
塩・コショウ…適量

1 ピーマンは半分に切り、ヘタと種を取る。トレーにアルミホイルをのせてピーマンをのせ、オリーブオイル大さじ1/3を回しかけて上をとじる。

2 220℃で10分ほど焼き、残りのオリーブオイルと塩・コショウをふって混ぜる。

8時間くらいおいておくと味がなじんで食べ頃に。
冷蔵庫で1週間ほどもちます。

白菜とえのきのポン酢浸し

余った白菜の消費にぴったり！
ツナを入れたりアレンジしても

焼き時間の目安
10分

材料

白菜（1/4個）…2枚
えのき…1/4袋
ポン酢…大さじ2

1 白菜は5cm角のざく切りにし、えのきは石づきを切り落としてほぐす。

2 アルミホイルにのせ、250℃で10分ほど焼く。

3 保存容器に入れてポン酢をかけ、全体を混ぜて浸す。

一口大に切った油揚げを
一緒に焼いて浸すのもおすすめです。
ピリ辛好みの方はポン酢と一緒に
唐辛子の輪切りを入れてみて。

PART 5

おやつに朝ごはんに
甘～い焼きもの

焼きりんご

甘～い匂いがただよってきて
焼いている間から幸せな気持ちに

焼き時間の目安

30分
（半割）

15分
（スライス）

材料

りんご…1個
グラニュー糖…小さじ2
バター…5g
シナモン（お好みで）…適量

半割バージョン

1

りんごは皮付きのまま半分に切り、芯を取る。

2

断面を上にしてアルミホイルにのせ、グラニュー糖とバターをちぎってのせる。

3

アルミホイルで包み、220℃で30分ほど蒸し焼きにする。焼けたらお好みでシナモンをふる。

スライスバージョン

1

りんごは皮つきのまま半分に切り、芯を取る。厚さ5mmにスライスする。

2

トレーにのせて
焼きましょう

アルミホイルに並べてグラニュー糖とちぎったバターをのせ、アルミホイルの上をとじて220℃で10分ほど蒸し焼きにする。焼けたらお好みでシナモンをふる。

半割はバニラアイスを添えて、スライスは食パンにのせて。半割は冷凍もできちゃいます！少し解凍させて食べるとシャーベットのように。

りんごは種類によっても焼けるまでの時間に差があります。特に紅玉はレシピの時間よりも早めに焼け具合をチェックしてください。

焼き柿

温かい柿!?とろ～りとろける秋の味
この季節のひそかなお気に入りです

焼き時間の目安

30～
40分

材料

柿…1個

皮ごと食べられます！

1

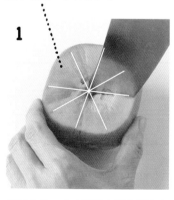

柿は上のヘタの部分を切り落とし
て芯を取り、皮を切らないように
放射状にカットする。

2

アルミホイルで全体を包んで上を
とじ、230～250℃で30～40分ほ
ど焼く。

生ハムを巻いて、
バルサミコ酢をかける
食べ方も試してみて♪

90

焼き芋

こんなに簡単なのに、屋台の焼き芋屋さんに負けない味
お芋の種類でホクホク、ねっとり、違う味わいを楽しんで

焼き時間の目安

40〜
60分

材料

さつまいも…1本
※お好みのさつまいもで！私はなると
金時がお気に入りです

さつまいもをよく洗い、濡れたま
ま網にのせ、最高温度で40〜60
分ほど火が通るまで焼く。

MEMO

安納芋など、蜜の多い
さつまいもはトレーや
アルミホイルにのせま
しょう。

さつまいもの太さで
火の通り加減が変わるので、
竹串かお箸で刺してみて、
固いようなら焼き時間を
伸ばしてください。

バナナのクリームチーズ和え

甘くてとろ〜りとろけるバナナは大人も子どもも大好きな味
朝ごはん、デザートやおやつ、おつまみにも

材料
バナナ…１本
クリームチーズ…15〜20g
素焼きナッツ（お好みのもの）…大さじ１
はちみつ…小さじ２
※チーズ、ナッツ、はちみつの量はお好みで調整して大丈夫。
ポーションタイプのクリームチーズがあればそれでOK！

1

アルミホイルはいりません。トースターの網にそのままのせて

バナナは皮付きのまま250℃で５分焼く。

2

ボウルに皮をむいたバナナ、クリームチーズ、ナッツ、はちみつを入れる。

3

つぶし加減はお好みで

フォークでざっくりとつぶしながら混ぜる。

バナナは熟したものを使うと
より甘さが出ておすすめです。
チョコレートソースやアイスを添えると
嬉しいデザートに、ブラックペッパーをふると
ちょっぴり大人向けになります。
トーストにのせれば大満足の朝ごはんに！

フレンチトースト

さっと準備して10分もあればトースターへ！
ひと晩寝かせたりしなくても、ふんわりおいしい幸せの味

材料（1人分）
食パン（4枚切り）…1枚
A ┌卵…1個
　├牛乳…大さじ2
　└砂糖…小さじ1
グラニュー糖…小さじ1
バター…少々
はちみつまたはメープルシロップ…お好みで

1

食パンは食べやすい大きさに切る。

2

Aをよく混ぜ合わせ、食パンを入れて全体に
染みるように混ぜる。

3

トレーがあればのせて
焼きましょう

油を多めに塗ったアルミホイルか耐熱皿に**2**
をのせて、グラニュー糖をまぶしバターをち
らす。240℃で10～20分ほど焼く。

フレンチトースト自体の
甘さは控えめにしているので、
食べるときにお好みの量のはちみつや
メープルシロップをかけてください。

松尾　美香（まつお・みか）

自家製酵母パン教室Orangerie主宰。大手・個人パンスクールに通ったあと、ル・コルドンブルーでディプロマを取得。その後さまざまなブーランジュリーのシェフに師事。　生徒数はのべ11,000人を超し、パン作りのオンラインスクール・通信講座は、日本だけでなく海外からの受講生が多数出るほど人気を誇る。またOrangerieのレシピを使った教室が国内外にある。
著書に『日本一やさしい本格パン作りの教科書』『トースターで作れる！おうちで簡単本格パン』（秀和システム）『本格パン作り大全』（世界文化社）などがある。

公式HP
https://orangerie-brave.com/

松尾美香のオンラインスクール
https://mikamatsuo.official.ec/

YouTube：松尾美香の日本一やさしいパン作り
https://www.youtube.com/@MikaMatsuo

Instagram：@mika_matsuo
https://www.instagram.com/mika_matsuo/

TikTok：@mika.matsuo
https://www.tiktok.com/@mika.matsuo

STAFF

撮影　三浦英絵
スタイリング　宮沢史絵
デザイン・DTP　中山詳子（松本中山事務所）
アシスタント　植木智子　奈良春美　坂巻由季子

製品協力

アイリスオーヤマ株式会社
株式会社山善
シロカ株式会社
日本エー・アイ・シー株式会社
バルミューダ株式会社
（五十音順）

トースターで作（つく）れる！
簡単（かんたん）らくらく日々（ひび）ごはん

発行日	2024 年　1 月 1 日	第 1 版第 1 刷

著　者　松尾　美香（まつお　みか）

発行者　斉藤　和邦
発行所　株式会社　秀和システム
　　　　〒135-0016
　　　　東京都江東区東陽2-4-2 新宮ビル2階
　　　　Tel 03-6264-3105（販売）Fax 03-6264-3094
印刷所　三松堂印刷株式会社　　　　　Printed in Japan

ISBN978-4-7980-7174-9 C0077